LA CONVERSION

DU 5 POUR 100

PARIS

GUILLAUMIN ET Cᵉ, LIBRAIRES

ÉDITEURS DU JOURNAL DES ÉCONOMISTES

DU DICTIONNAIRE UNIVERSEL DU COMMERCE ET DE LA NAVIGATION

DU DICTIONNAIRE DE L'ÉCONOMIE POLITIQUE, ETC.

RUE RICHELIEU, 14

—

1882

LA CONVERSION

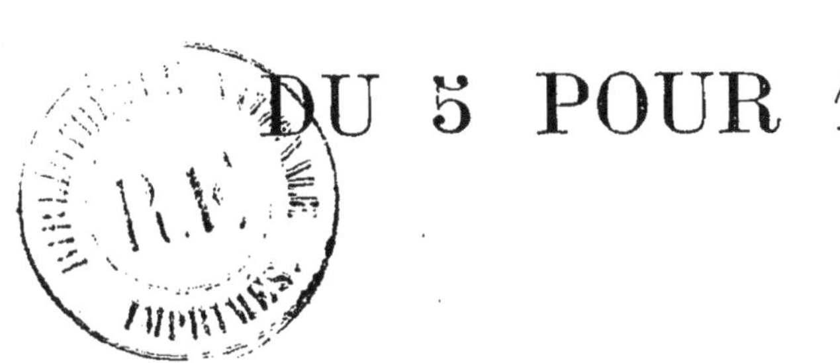

DU 5 POUR 100

PARIS

GUILLAUMIN ET Ce, LIBRAIRES

ÉDITEURS DU JOURNAL DES ÉCONOMISTES

DU DICTIONNAIRE UNIVERSEL DU COMMERCE ET DE LA NAVIGATION

DU DICTIONNAIRE DE L'ÉCONOMIE POLITIQUE, ETC.

RUE RICHELIEU, 14

1882

LA CONVERSION

DU 5 POUR 100

La question de la conversion de la rente 5 pour 100 a été agitée pendant les dernières quatre années à plusieurs reprises dans nos Chambres et dans la presse. En effet, depuis 1878, les conditions du crédit de l'Etat s'étaient améliorées au point qu'on pouvait songer dès cette époque à une réduction du taux de la rente 5 pour 100. Mais pour plusieurs motifs politiques — dont nous n'avons pas à examiner ici la valeur — et peut-être aussi par un sentiment d'équité vis-à-vis des porteurs de rente 5 pour 100 qui ont prêté leurs capitaux à l'Etat dans une époque critique, on a cru bien faire de reculer ce moment jusqu'au renouvellement de la Chambre des députés, époque qui correspond précisément à la jouissance ininterrompue pendant dix ans de la rente de 5 pour 100 par les créanciers en question de l'Etat. Les lois accordent au débiteur, c'est-à-dire à l'Etat comme aux particuliers, le droit incontestable de rembourser leurs dettes, par anticipation, au pair. La faculté pour l'Etat de rembourser sa rente 5 pour 100 au prix nominal de 100 francs ne pouvait donc faire doute pour personne, et ceux qui ont acheté du 5 pour 100 au-dessous du pair, comme ceux qui l'ont acheté au-dessus de 100 francs, savaient parfaitement à quoi ils étaient exposés. Personne n'a donc le droit de parler de surprise. Or, le prix de 100 francs, tout en constituant les rentiers en bénéfice de 16 francs environ sur le prix moyen d'émission de 83 fr. 50, les laisserait pourtant en perte sensible vis-à-vis du cours actuel de la rente, de 116 francs. Aussi ne s'agit-il nullement d'un remboursement intégral de toute la rente 5 pour 100 au moyen d'une opération de crédit nouvelle, mais bien d'une conversion ou plutôt d'une réduction d'intérêts, combinée — grâce au prix élevé du consolidé 3 pour 100 — de façon à éviter aux porteurs de rente 5 pour 100 presque toute perte sur la valeur effective de leur capital, tout en faisant bénéficier l'Etat, autant que possible, de l'amélioration de son crédit. Nous nous proposons d'examiner tour à tour les différentes combinaisons qui permettent de s'approcher de ce but, quoique la solution de la question ne soit pas facile, puisqu'il s'agit de concilier deux intérêts diamétralement opposés. Rappelons seulement en passant les principales conversions de rentes opérées par des Etats dans les derniers temps. C'est en premier lieu la conversion du 6 pour 100 américain qui a été réduit successivement à 5, à 4 et actuellement à 3 $^1/_2$ pour 100. Suit la Belgique, qui a réduit son 4 $^1/_2$ en 4 pour 100 ; la Hongrie, qui a converti son 6 pour 100 en 4 pour 100 avec une soulte ; et tout récemment la Roumanie, qui a réduit sa dette 6 pour 100 en 5 pour 100, également avec bonification d'une soulte en faveur des porteurs de rente. La dernière conversion, ou plutôt unification de dette, est celle de l'Espagne ; l'opération est en cours au moment même où nous écrivons.

Nous voyons donc que partout on convertit pour diminuer les charges de l'Etat, et la plupart des opérations se font avec le concours des capitaux français. Nous seuls restons en arrière : il est grandement temps que nous nous mettions à l'œuvre à notre tour.

I

La conversion de la rente 5 pour 100 étant décidée en principe, deux questions capitales se présentent à notre examen :

1° Quel genre de conversion offre le plus d'avantages à l'Etat, tout en traitant les porteurs de rente 5 pour 100 d'une façon équitable comparativement aux porteurs de rente 3 pour 100 consolidée et amortissable ?

2° Quel est le procédé de l'opération même de conversion qui en assure la pleine réussite et expose l'Etat à la moindre somme de risques pour l'éventualité — toujours possible — d'une crise politique ou financière qui pourrait surgir au moment même de l'opération ?

La première question nous permet, dans la situation actuelle, trois solutions principales, savoir :

1° une *conversion proprement dite* de la rente 5 pour 100 avec augmentation du capital, ce qu'on appelle aussi *conversion savante;* 2° une simple *réduction* du taux de la rente, sans augmentation du capital ; 3° ces deux méthodes réunies, c'est-à-dire conversion ou réduction facultative, au choix du porteur de rente.

Examinons ces trois méthodes sous leurs différents aspects.

Nous appelons *conversion proprement dite* un échange de rente 5 pour 100 en rente 3 pour 100 consolidée ou amortissable, avec bonification par l'Etat au porteur d'une soulte sous forme d'augmentation de son capital. Ainsi, en réduisant par exemple le 5 pour 100 de 1 pour 100, on donnerait pour chaque titre de 100 francs capital de rente 5 pour 100, 100 francs en rente 4 pour 100 sous forme de rente 3 pour 100, soit 133 $^1/_3$ francs de capital en rente 3 pour 100, qui produisent 4 francs de rente annuelle ; ou bien, pour prendre des chiffres ronds, on échangerait chaque capital de 300 francs de rente 5 pour 100 contre 400 francs de capital, en consolidé 3 pour 100.

En prenant pour base les cours actuels, le porteur de rente 5 pour 100 perdrait par cette opération environ 1 $^1/_3$ franc pour chaque capital de 100 francs de 5 pour 100, car le 5 pour 100 valant aujourd'hui environ 116 francs, tandis que 133 $^1/_3$ francs de 3 pour 100 ne valent à 86 francs que 114 fr. 66, il en résulterait une perte de 1 fr. 34. Il est probable pourtant qu'en réalité cette perte ne subsisterait pas au moment de la conversion, car le 3 pour 100 n'ayant plus à l'avenir la concurrence redoutable du 5 pour 100 — qui rapporte actuellement 4 $^{3}/_{10}$ pour 100, tandis que le 3 pour 100 ne rapporte à peine que 3 $^{1}/_{2}$ pour 100 — le 3 pour 100 consolidé montera facilement à 90 francs, sinon au delà. Mais, abstraction faite de cette probabilité, le rentier 5 pour 100 aura encore grand avantage à accepter l'offre de l'État dans les conditions précitées. Le gouvernement ayant le strict droit de le rembourser au pair, soit à 100 francs, le rentier ne pourrait acheter avec cette somme de 100 francs, à 86 francs, que 116 $^{1}/_{3}$ francs de rente 3 pour 100, tandis qu'en acceptant la proposition de l'État il recevra 133 $^{1}/_{3}$ francs de rente 3 pour 100. On peut encore ajouter la considération qu'en cas de hausse de la rente 3 pour 100, le porteur qui aura accepté la conversion bénéficiera de la hausse sur un capital de 133 francs, tandis qu'auparavant il ne possédait qu'un capital de 100 francs.

Pour que le porteur de rente 5 pour 100 refusât l'échange proposé par l'Etat, il faudrait que le 3 pour 100, qui vaut aujourd'hui 86 francs, tombât au-dessous de 75 francs ; car les 133 $^{1}/_{3}$ francs de rente 3 pour 100 qu'on lui offre contre ses 100 francs de 5 pour 100 valent, à 75 francs, précisément 100 francs, ce qui fait que le rentier qui aurait décliné l'offre de conversion de l'Etat et qui aurait préféré le remboursement de son titre 5 pour 100 au pair serait en mesure d'acheter à la Bourse, moyennant ces 100 francs, 133 $^{1}/_{3}$ francs de rente 3 pour 100 au prix de

75 francs. Or, sauf événements tout à fait imprévus, une baisse de 11 francs sur la rente 3 pour 100 est inadmissible, et l'on voit donc que la marge pour la réussite de l'opération de conversion serait plus que suffisante, d'autant plus que, ainsi que nous l'avons déjà dit, la disparition du 5 pour 100 fera monter le 3 pour 100 plutôt que de le faire baisser.

Voyons à présent quelle situation résultera pour l'État de ce système de conversion. L'État bénéficiera par cette opération de 1 pour 100 sur la totalité existante de la rente 5 pour 100. Au lieu de payer, comme par le passé, 5 pour 100 d'intérêts sur un capital de 7 milliards et demi, soit 375 millions, il ne payera à l'avenir que 3 pour 100 du nouveau capital de 10 milliards, soit 300 millions, ce qui constitue une économie annuelle de 75 millions. Un pareil résultat est certes fort brillant, mais on objectera, et avec raison, que ce système de conversion a deux défauts capitaux. En premier lieu, il aurait pour suite inévitable l'augmentation du capital de la dette nationale de la somme énorme de 2 milliards et demi. Ensuite, l'économie de 75 millions par an aura été obtenue une fois pour toutes, c'est-à-dire qu'elle ne pourra jamais être augmentée, puisqu'il est inutile de tenir compte dans cette étude des probabilités d'une réduction éventuelle du 3 pour 100 à un taux inférieur. Tout le monde conviendra que, si l'on peut faire à moins que d'augmenter le capital de la dette, sans fermer à l'Etat la voie de bénéfices ultérieurs, dépassant la somme de 75 millions par an, cet autre système de conversion devrait avoir la préférence, à la condition que ses chances de réussite soient les mêmes. Nous allons voir tout à l'heure comment nous croyons pouvoir atteindre ce but.

Continuons l'examen des différents modes de conversion.

Si, au lieu de convertir le 5 pour 100 en 3 pour 100 consolidé, l'Etat offrait la conversion en 3 pour 100 amortissable, la base de l'opération resterait la même comme pour la conversion en 3 pour 100 consolidé. Seulement, pour ne pas diminuer son bénéfice, l'Etat devrait se faire bonifier une soulte équivalente à la valeur de l'amortissement au pair des 133 $^1/_3$ francs de capital 3 pour 100. La fixation de cette soulte d'une façon absolument exacte est difficile : d'abord parce qu'il y a plusieurs méthodes de chiffrer la valeur actuelle de cet amortissement, et ensuite parce que ce chiffre varie continuellement, suivant le cours du jour du 3 pour 100 consolidé, et il est à prévoir que ce cours variera considérablement au moment même de la conversion. Au prix de 86 francs — en tenant compte des jouissances différentes — l'amortissement dans soixante-douze ans vaut aujourd'hui, suivant la méthode Vintéjoux, 3 fr. 60 ; soit, pour 133 $^1/_3$ francs, 4 fr. 80. Au lieu de 133 $^1/_3$ francs en 3 pour 100 consolidé, l'Etat ne devra donc remettre au porteur de rente 5 pour 100 que 128 $^1/_2$ francs de capital en rente 3 pour 100 amortissable. En tenant compte de la valeur de l'amortissement, la perte du porteur de rente 5 pour 100 sur le cours actuel de

116 francs resterait intrinsèquement la même que celle que nous avons constatée tout à l'heure dans l'éventualité d'une conversion en 3 pour 100 consolidé, c'est-à-dire d'environ 1 1/8 pour 100. Mais la perte serait effectivement plus considérable d'environ 2 pour 100, par la raison que, depuis la création du 3 pour 100 amortissable, son cours s'est presque toujours tenu d'autant au-dessous de sa valeur intrinsèque par rapport au 3 pour 100 consolidé. Le revenu du rentier, aussi, ne serait plus de 4 pour 100, mais seulement de 3,82 pour 100. Cette différence sera compensée, il est vrai, par le remboursement de son capital — dans une époque plus ou moins éloignée — à 128 1/2 francs, ce qui mettra même le rentier, en apparence au moins, en bénéfice considérable sur le prix actuel de 116 francs de la rente 5 pour 100. Quant à l'Etat, sa situation ne changerait que dans ce sens, qu'à la suite du fonctionnement de l'amortissement l'économie annuelle qu'il réaliserait serait d'une fraction inférieure à 75 millions, différence provenant de l'annuité nécessaire pour le remboursement de la somme capitale. Par contre, la dette entière, portée de 7 milliards et demi à 9 milliards 637 millions, serait amortie intégralement dans l'espace de soixante-douze années. Cette perspective de la disparition complète — quoique dans une époque assez éloignée — de toute l'ancienne dette 5 pour 100 est certes très alléchante, vu son origine douloureuse. Aussi sommes-nous tout à fait partisan d'une pareille méthode de conversion ; seulement nous croyons pou-

voir arriver à ce même but par une autre voie, c'est-à-dire *graduellement,* sans augmenter le capital de la dette nationale et sans nous fermer la voie de réaliser une économie annuelle supérieure à 75 millions.

II

La deuxième méthode principale de conversion est une *réduction graduelle* de l'intérêt actuellement alloué aux porteurs de rente 5 pour 100. Nous croyons inutile de nous arrêter à la réduction au taux de 4 1/2 pour 100. Une pareille réduction aurait encore pu être prise en considération il y a trois ans, mais aujourd'hui le crédit de l'Etat est tellement consolidé et suffisamment élevé pour qu'on puisse procéder sans crainte et directement à la réduction du 5 pour 100 en 4 pour 100 — tout au plus avec promesse d'irréductibilité de ce taux pendant sept ou dix ans. D'ailleurs, ainsi que nous allons le voir, le porteur de rente 5 pour 100 aura tout avantage à accepter une pareille offre de l'Etat plutôt que de s'exposer à être remboursé au pair, c'est-à-dire à 100 francs. En effet, le 3 pour 100, au prix actuel de 86 francs, rapporte à peine **3 1/2 pour 100**, tandis que l'Etat assurerait au rentier 5 pour 100 une rente de **4 pour 100** irréductible pendant un certain nombre d'années. Or donc, si même le rentier prévoyait une réduction ultérieure de son 4 pour 100 en 3 1/2 pour 100, il aurait encore tout avantage à accepter l'offre de l'Etat, puisqu'en attendant il jouirait d'un revenu de 4 pour 100, sauf à être réduit ultérieurement au taux que représente actuellement le 3 pour 100 capitalisé à 86, soit 3 $^{1}/_{2}$ pour 100. En d'autres termes, il faudrait le cas presque inadmissible d'une baisse de plus de 11 francs, c'est-à-dire que le 3 pour 100 tombât au-dessous de 75 francs — auquel prix il rapporte 4 pour 100 — pour que le rentier 5 pour 100 eût avantage à demander à l'Etat le remboursement de son titre au pair, soit à 100 francs, plutôt que d'accepter la réduction à 4 pour 100.

Quel sera le cours de bourse du nouveau titre 4 pour 100 ?

Etant donné le 3 pour 100 à 86, le 4 pour 100 devra valoir arithmétiquement 115 francs, ce qui constituerait donc le rentier 5 pour 100 qui aurait accepté la réduction à 4 pour 100, en perte d'un franc à peine sur le cours actuel du 5 pour 100, soit 116. On voit donc que, même sous le rapport des oscillations des cours de bourse, cette méthode de conversion produirait à peine un mouvement de un à deux francs sur les prix cotés actuellement, *ce qui prouve que virtuellement la conversion est, à l'heure qu'il est, déjà faite.* L'éventualité de la réduction ultérieure du taux de 4 pour 100 sera compensée largement pour le rentier par la promesse d'irréductibilité pendant une période de sept à dix ans.

Quant à l'Etat, il économisera, de son côté, à la suite de cette réduction de 5 à 4 pour 100, tout comme par les deux méthodes que nous avons envisagées précédemment, 75 millions par an. Mais le système de la réduction simple lui assurerait deux avantages énormes sur celui de la conversion. D'abord, la réduction aurait pour effet d'écarter toute augmentation du capital de la dette à convertir, et ensuite l'Etat ne se préclurait pas la voie de réductions ultérieures de la rente, c'est-à-dire qu'au lieu d'économiser 75 millions par an, *une fois pour toutes*, il pourra porter cette somme, selon toute probabilité, après sept ou dix ans, successivement ou en une fois à 150 millions par an, par l'effet de la réduction finale du 4 pour 100 en 3 pour 100. En effet, question politique à part, il n'y a aucun motif pour que notre 3 pour 100 n'atteigne pas, tout comme le consolidé anglais, le pair. Quand le moment de ces réductions ultérieures sera venu, ce sera le cas de convertir le 4 ou le 3 $^1/_2$ pour 100, en 3 *pour* 100 *amortissable* plutôt qu'en 3 *pour* 100 *consolidé*, afin de faire disparaître complètement, dans un temps donné, cette dette qui nous rappellera toujours de cruels souvenirs. Mais nous répétons que nous ne voyons absolument aucun motif qui devrait faire préférer une conversion directe et hâtive de la rente 5 pour 100 en consolidé 3 pour 100 à une réduction graduelle à 4 pour 100 d'abord, et en 3 $^1/_2$ ou 3 pour 100 ensuite. Car la méthode de réduction permettra à l'Etat d'économiser finalement 150 millions par an, au lieu de 75, sans détriment pour les porteurs de rente, et sans augmentation de la dette nationale. Nous croyons que ces considérations et nos chiffres sont suffisamment éloquents pour nous dispenser de tout autre raisonnement en faveur de la méthode de *simple réduction* que nous préconisons. Il nous reste, toutefois, à dire encore un mot de la troisième combinaison de conversion que nous avons envisagée au début de notre étude, c'est-à-dire d'une conversion mixte et facultative.

Cette combinaison consisterait dans l'offre par l'Etat aux porteurs de rente 5 pour 100 d'une conversion facultative et à leur choix de chaque 100 francs de capital 5 pour 100 contre 133 $^1/_3$ francs en consolidé 3 pour 100, ou contre 128 $^1/_2$ francs en amortissable 3 pour 100, ou contre 100 francs en consolidé 4 pour 100, irréductible pendant dix ans. Le porteur de rente 5 pour 100 choisirait, selon son tempérament, l'une de ces trois offres qui, tout en étant chacune d'un caractère différent, offrent pourtant, toutes les trois, un revenu intrinsèque de 4 pour 100. Seulement les chances d'avenir sont différentes pour chacune des trois combinaisons : le consolidé 3 pour 100 a toutes les chances de se rapprocher du pair, n'ayant aucune conversion ultérieure à craindre. Quant à la rente amortissable, elle assure au rentier un bénéfice certain et considérable dans un temps donné par le jeu de l'amortissement. Le 4 pour 100 enfin assure un intérêt irréductible de 4 francs de rente pendant une série d'années, et dans le cas d'une conversion après sept ou dix ans le porteur de rente est certain de ne pas seulement être traité d'une façon équitable, comparativement aux autres créanciers de l'Etat, mais il sait d'avance que le gouvernement, lors de ces opérations, est forcé de consentir toujours un sacrifice important pour faciliter la conversion.

Néanmoins, nous le répétons, nous ne sommes pas partisans d'une pareille méthode mixte de conversion ou réduction facultative. D'abord, parce qu'elle est inutile, et ensuite parce qu'elle embrouille la question. Elle fera hésiter les indécis et permettra trop l'exploitation des différences éventuelles des cours par des arbitrages de bourse entre les différentes catégories de rentes, au détriment de la stabilité des cours, qui est essentiellement désirable et même nécessaire pendant toute opération de conversion.

Avant de terminer cette partie de notre étude, nous voulons démontrer, par un exemple que nous avons sous la main, combien notre manière de voir pour la conversion par voie de réduction est juste et combien il est déplorable qu'on n'ait pas déjà suivi ce même système à une époque antérieure et peu éloignée. Nous voulons parler de la conversion de l'emprunt Morgan, contracté lors de la guerre de 1870.

Cet emprunt était de 250 millions nominal, représentés par 500,000 obligations de 500 francs rapportant 6 pour 100 par an et amortissables au pair en trente-quatre ans. Dès l'année 1875 les conditions du crédit de la France s'étaient tellement améliorées et consolidées, qu'il était inutile de continuer à payer 6 pour 100 aux créanciers de l'Etat et qu'on pouvait procéder à une conversion de cette dette. Les conditions de cette conversion furent déterminées par le décret du 5 juin 1875. On ne fit subir aux porteurs aucune réduction du revenu. En échange de chaque obligation de 500 francs, rapportant 30 francs, on leur délivra 30 francs de rente 3 pour 100, mais on exigea pour faire cet échange le payement d'une soulte de 124 francs par obligation. A cette époque le 3 pour 100 valait 65 francs, le 5 pour 100, 105. L'Etat pouvait donc se procurer à ce moment, par une émission de rente 3 pour 100, des ressources consolidées au taux de 4,62 pour 100. Nul doute donc que si l'on avait simplement proposé l'échange des obligations Morgan 6 pour 100 contre de la rente 5 pour 100, tous les porteurs, plutôt que de s'exposer à être remboursés au pair, auraient accepté avec empressement la proposition de l'Etat. Sans tenir compte de l'amortissement, les 15 millions d'intérêt annuel eussent été réduits, par cette opération, à 12 $^1/_2$ millions.

La conversion ne fut pourtant pas faite ainsi : on crut mieux faire. En effet, les 62 millions qu'on se procura par la soulte de 124 francs qu'on fit payer pour chacune des 500,000 obligations représentaient pour l'Etat, à raison de 4,62 pour 100, une économie d'intérêts annuels de 2,865,000 francs, en sorte qu'à vrai dire l'Etat réduisait la charge annuelle de 15 millions à 12 millions 135,000 francs, au lieu de 12 millions et demi qui auraient été la conséquence d'une simple conversion des obligations 6 pour 100 en rente 5 pour 100. Mais cette légère différence ne saurait compter en face du double désavantage qui résulta pour l'Etat de sa façon de procéder, car non seulement le nominal de la dette fut doublé, puisque les 250 millions de l'emprunt Morgan furent convertis en 500 millions nominal de rente 3 pour 100, mais l'Etat se ferma, par suite de la conversion en 3 pour 100, à tout jamais la possibilité de faire d'autres économies sur l'intérêt de cette dette. En effet, trois ans plus tard, en 1878 — et à plus forte raison aujourd'hui — les cours auraient permis une continuation de la réduction du 5 pour 100 en 4 pour 100 si l'on avait adopté dès le commencement le principe de la *réduction* au lieu de celui de la conversion. Les 15 millions d'intérêts de l'emprunt Morgan eussent été réduits ainsi successivement à 10 millions au lieu de 12135000 obtenus en 1875, tandis que le nominal de la dette serait resté le même. Le 4 pour 100, c'est-à-dire les 10 millions, aurait pu être réduit sans nul doute, dans un temps donné, à 3 $^1/_2$ et finalement à 3 pour 100, soit à 7 millions et demi : *en sorte qu'au lieu de* 15 *millions on aurait fini par ne plus payer que la moitié, sans avoir augmenté la dette,* tandis que par le mode de conversion adopté en 1875 l'Etat n'a obtenu qu'une fois pour toutes une réduction de 2865000 francs, tout en ayant doublé le capital nominal de la dette !

Ces chiffres sont suffisamment éloquents pour qu'on ait rien à y ajouter. Certes nous n'entendons pas faire des récriminations inutiles, mais les fautes qui ont été commises dans la conversion de l'emprunt Morgan nous fournissent un exemple si frappant et convaincant en faveur de notre système de réduction, que nous n'avons pas pu faire moins que de le citer. En somme, il ne s'agissait dans cette circonstance que d'une somme de 250 millions. Mais aujourd'hui où il s'agit d'un chiffre bien autrement important qu'alors, c'est-à-dire de 7 milliards et demi, il importe de bien peser toutes les éventualités afin de ne pas retomber dans les mêmes errements que jadis.

III

Il nous reste à examiner la dernière question que nous avons posée au début de notre étude : Quel doit être le procédé même de l'opération de conversion, procédé qui en assure la pleine réussite et qui expose l'Etat à la moindre somme de risques pour le cas qu'une grave crise politique ou financière venait à éclater inopinément au milieu de l'opération.

Disons les choses clairement.

Si le gouvernement annonçait formellement, par décret, qu'il dénonce, suivant la faculté que lui en donne la loi, toute la rente 5 pour 100, et que le remboursement au pair, soit à 100 francs, aura lieu à partir de telle ou telle époque...., mais qu'il offre aux rentiers qui préféreraient conserver leurs inscriptions, 4 francs de rente irréductible pendant sept ou dix ans en échange de chaque ancien titre de 5 francs de rente — nous disons que si le gouvernement publiait un pareil décret, il se trouverait formellement engagé, *quoi qu'il arrive,* à exécuter, au choix des porteurs de rente, l'une ou l'autre de ces deux combinaisons. Si la politique est calme et qu'il ne survient aucun événement fâcheux pendant l'époque où les porteurs de rente auront à se décider pour l'une ou l'autre des deux propositions que leur fait l'État ; s'il n'éclate aucune de ces crises financières ou monétaires comme nous en avons déjà vu surgir subitement et d'une façon absolument inattendue ; — si aucun de ces cas ne se présente, il est plus que probable qu'en présence des avantages incontestables qu'offre l'Etat aux porteurs de rente 5 pour 100 comparativement au cours du consolidé 3 pour 100, tous, ou presque tous, s'empresseront d'accepter la proposition de réduction à 4 pour 100. Mais quand il s'agit de déclarations et d'engagements formels de l'Etat, il faut regarder plus loin, il faut envisager et prévoir *toutes* les éventualités, même les plus extrêmes, c'est-à-dire la possibilité qu'une grave crise politique ou financière surgisse tout à coup, d'une façon absolument inattendue, au milieu même de l'opération, et qui aurait pour conséquence immédiate une baisse très considérable, mettons de 12 à 15 francs sur nos rentes. Or, si par malheur ce cas venait à se produire, tous les rentiers 5 pour 100 s'empresseraient de profiter de la première offre de l'Etat et demanderaient à être remboursés au pair, soit à 100 francs en argent comptant, pour acheter dans ce moment de crise, sur le marché libre, des rentes ou d'autres valeurs avec une marge considérable comparativement à la deuxième offre de l'Etat. Quant à l'Etat, où trouverait-il, dans un moment pareil, 7 milliards et demi en argent comptant? On nous dira bien que de pareilles éventualités sont inadmissibles, que ces craintes sont chimériques, qu'on ne saurait admettre une baisse de 15 francs sur la rente, qu'enfin il y aurait cas de force majeure. Nous répondrons que nous ne sommes nullement de cet avis. Quand il s'agit d'engagements formels de l'Etat, il faut tout prévoir, même l'impossible ; et plutôt que d'exposer l'Etat à voir discuter la portée de ses engagements — ce qui serait mortel pour son crédit et le succès de l'opération même — il vaudrait mieux renoncer entièrement à toute conversion.

Il s'agit donc de trouver un moyen qui permettrait de faire face *à toutes* les éventualités, *quelles qu'elles soient.*

Examinons donc comment procédèrent les autres Etats, ou nos gouvernements précédents, dans des cas analogues pour se garantir contre des surprises fâcheuses. Voici comment on s'y prit :

Ou bien les sommes sur lesquelles portaient les conversions n'étaient pas assez considérables pour excéder leurs forces, même si une crise grave eût éclaté inopinément ; ou bien un syndicat de banquiers très puissants garantissait aux Etats, moyennant commission, la bonne réussite de l'opération. Or, malheureusement, nous ne sommes pas dans le cas de pouvoir adopter ni l'une ni l'autre de ces deux voies, par le simple motif que la somme dont il s'agit est par trop considérable. Il ne faut pas oublier que la conversion porte sur le chiffre énorme de 7 milliards et demi, c'est-à-dire sur le montant entier de la rente 5 pour 100. Le gouvernement des États-Unis, quand il a fait la conversion de son 6 pour 100, avait la bonne fortune de pouvoir toujours opérer sur des sommes relativement peu considérables, car il avait émis son 6 pour 100 successivement, par séries, et il appelait au remboursement une série après l'autre. Pour notre 5 pour 100, il n'y a pas de séries, il n'y a qu'un seul et unique type de rente 5 pour 100, absolument uniforme, et par conséquent il n'y a pas moyen de scinder l'opération en plusieurs parties.

Reste la combinaison de faire garantir la réussite de l'opération par un syndicat de banquiers. Or, on ne saurait y songer sérieusement dans le cas présent; car, quelque puissants et entreprenants que soient nos financiers, nous croyons qu'ils n'oseraient prendre des engagements absolus de cette importance, à moins que l'Etat ne souscrive à des conditions qui diminueraient sensiblement le bénéfice qu'il doit retirer de l'opération. D'ailleurs, si même nous nous trompions, c'est-à-dire l'on arrivait à s'entendre sur une base équitable, et si par malheur la crise redoutée venait à éclater au moment même de la conversion, le rôle du gouvernement serait-il de ruiner pour de longues années toute notre finance, un des principaux leviers de la prospérité du pays? Certes non!

Il faut donc trouver autre chose pour parer à tous ces inconvénients et voici ce que nous proposons.

Au lieu d'un engagement formel vis-à-vis du public le gouvernement ne prendrait qu'un engagement conditionnel, c'est-à-dire qu'au lieu de s'engager explicitement et sans réserve au remboursement de la rente 5 pour 100 au pair, il le fera seulement entrevoir, il en suspendra pour ainsi dire la menace sur la tête des porteurs de rente. Le gouvernement publierait un décret disant en substance « qu'en présence « des conditions très améliorées de son crédit, c'est-« à-dire des cours actuels de la rente 3 pour 100 qui « lui permettent de se procurer des ressources con-« solidées au taux de 3 $^1/_2$ pour 100, d'un côté — et ne « voulant point profiter d'un autre côté, sans mise en « demeure préalable, de la latitude que lui concède « la loi de rembourser la rente 5 pour 100 au pair,.... « il offre aux porteurs de rente 5 pour 100, pendant « un laps de temps à définir (six à huit jours), la con-« version de leur rente 5 pour 100 en rente 4 pour 100 « irréductible pendant sept ou dix ans. Passé ce délai, « le gouvernement *se réserve le droit, vis-à-vis des ren-« tiers qui n'auraient pas accepté son offre, de profiter « soit de la faculté que lui donne la loi de rembourser au « pair la rente* 5 *pour* 100 *non convertie, soit de faire « d'autres propositions de conversion, éventuellement moins « avantageuses que la présente.* »

Rien de plus régulier et équitable que ce procédé, dont tout le monde saisira l'économie : Si la crise redoutée venait à éclater par malheur pendant le terme fixé par l'Etat, il est plus que probable que personne n'acceptera l'offre de conversion. Mais l'Etat, n'ayant pris aucun engagement formel de remboursement en cas de non-acceptation de son offre de conversion, sortirait absolument intact et indemne de cette mauvaise passe et pourrait attendre tranquillement un moment plus propice pour reprendre l'opération de conversion. Si, par contre, ainsi qu'il est à espérer et à prévoir, tout se passe sans secousse, si aucune crise sérieuse ne surgit au cours de l'opération, la marge de 11 francs offerte par l'Etat aux porteurs de rente 5 pour 100 comparativement au revenu, ou plutôt au prix actuel du 3 pour 100, est tellement considérable, que peu de personnes refuseront la conversion, de peur d'être remboursées plus tard au pair, ou d'être forcées à accepter des conditions de conversion moins avantageuses. Toutefois, comme il s'agit d'une opération aussi considérable, où toutes les forces vives du pays seront mises en mouvement et qu'il conviendrait pour la pleine réussite de l'opération d'y intéresser autant que possible les principales forces financières du pays, le gouvernement pourrait conclure un arrangement avec un syndicat de banques et de banquiers qui garantirait — sauf cas de force majeure — pendant l'époque de la conversion, moyennant une légère commission, soit un cours à stipuler de la rente 3 pour 100 — par exemple 81 ou 82 — soit la réussite de la conversion pour une somme de 2 à 3 milliards.

Cette manière de procéder est parfaitement légale, régulière et équitable, et l'opération de conversion de notre dette 5 pour 100 pourrait être mise à exécution de cette façon sans secousses, sans crise de bourse, avec un succès certain pour l'Etat, et dans les conditions les plus favorables pour les porteurs de rente 5 pour 100.

Nous croyons que la question de la conversion doit être une des premières dont la nouvelle Chambre ait à s'occuper. Rien ne s'oppose à son exécution immédiate et il serait de la dernière injustice de continuer à favoriser, sans motif aucun, une certaine classe de rentiers, au détriment des intérêts de la nation entière, qui attend avec impatience de nouveaux dégrèvements d'impôts.

Ne nous arrêtons pas aux clameurs alarmistes de certains partis intéressés qui demandent à grands cris un nouvel ajournement de la conversion, sous peine de voir éclater une catastrophe formidable à la bourse. Non seulement nous ne verrions aucun mal à ce que l'agiotage effréné de la bourse fût enrayé avant qu'il soit trop tard, mais nous sommes persuadé que dès lors l'attention de la bourse se reportera encore une fois vers les valeurs sérieuses, vers nos rentes d'Etat. Mais ce qui prime encore ces considérations, c'est que, suivant notre conviction intime, la conversion, mise à exécution conformément à notre manière de voir, ne portera aucun trouble dans les affaires sérieuses, puisqu'elle fera disparaître cette prétendue épée de Damoclès suspendue sur la bourse et qu'au fond elle ne constitue qu'un nivellement entre le revenu de la rente 5 pour 100 et du consolidé 3pour 100. Ce nivellement a d'ailleurs été prévu et escompté déjà depuis plusieurs années, et les cours des deux fonds d'Etat en offrent une preuve éloquente.

Paris, décembre 1881.

O. De CHANIER.

PARIS. — TYPOGRAPHIE A. HENNUYER, RUE DARCET, 7.

Paris. — Typographie A. HENNUYER, rue Darcet, 7.

www.ingramcontent.com/pod-product-compliance
Ingram Content Group UK Ltd.
Pitfield, Milton Keynes, MK11 3LW, UK
UKHW021158230726
13926UKWH00001B/174